Ele
Lea
Ele

Liebe Eltern,

Kinder hören aus gesprochenen Lauten oft nur einzelne Laute, meistens die Anfangslaute heraus. Auch in geschriebenen Wörtern entdecken sie meist nur einzelne Buchstaben. Dann erkennen sie, dass bestimmte Laute und Buchstaben zusammengehören. Sie haben aber dabei ein Problem: Sie hören bei einem Wort wie „See“ am Anfang zwar ein „s“, wissen aber, dass hier ein „ES“ steht und lesen nun „ES-e“. Sie buchstabieren anstatt zu lautieren. Wenn Sie Ihrem Kind helfen wollen, sagen Sie also bei „S“ keinesfalls „ES“, ebenso nicht „EL“ und „EM“ bei „L“ und „M“ usw.

Die Kinder lernen in dieser Fibel die Buchstaben zunächst über die Anlaute. Sie erhalten dazu als Hilfe eine Tabelle mit Bildern und Buchstaben. Damit können sie alle Anlaute den passenden Buchstaben zuordnen. Die Einführung der Buchstaben im Lehrgang erfolgt später.

Da die Buchstaben anfangs also noch nicht beherrscht werden, können die Kinder zuerst nur die Anlaute der Anlaut-Bilder *„lesen“*:  heißt damit „L-e-a“.

Mit der Anlauttabelle können die Kinder auch Wörter *„schreiben“*, entweder in der „Bilderschrift“ oder schon mit den darunter stehenden Buchstaben. Da in unserer Sprache die Buchstaben und Laute nicht immer genau zusammenpassen, schreiben die Kinder bei „Stein“ oft „Schtain“. Wenn ihnen das gelingt, haben sie eine große Leistung vollbracht.
Lassen Sie Ihr Kind so schreiben: Korrigieren Sie es nicht, auch wenn es für „Hammer“ zunächst nur „HMR“ geschrieben hat. Das genaue Abhören der Lautfolge der Wörter ist der erste Schritt zur Rechtschreibung. Ihr Kind wird im Laufe des Lehrgangs die richtige Schreibweise noch lernen.

Die Fibel ist in elf Buchstaben- und zwei Zusatz-Kapitel gegliedert.

Die Buchstaben-Kapitel beginnen mit den Einleitungsdoppelseiten, die zur Bildbetrachtung und zum Vorlesen gedacht sind. Bei den Seiten zur Buchstabeneinführung stehen oben die Buchstaben, die neu eingeführt und von den Kindern geübt werden. Die Texte auf der linken und der oberen Hälfte der rechten Seite sollen die Kinder selbstständig erlesen. Dazu gehören auch die „Rätselwörter“ mit Anlaut-Bildern.

Der Text im Kasten mit dem Elefanten ist als Zusatztext für Kinder gedacht, die sich schon selbstständig weitere Buchstaben gemerkt haben. Dieser Text darf *auf keinen Fall von allen Kindern* verlangt werden! Ebenso sind handschriftliche Texte und Wörter im Rahmen der Illustration ein Zusatzangebot.

Die Texte des Kapitels „Dies und das“ sollen erst *nach Ende des Leselehrgangs* gelesen werden!

Liebe Eltern, freuen Sie sich mit Ihrem Kind auch über kleine Fortschritte. Wenn Sie keinen Druck auf Ihr Kind ausüben, wird es das Lesenlernen bis zum Ende des 1. Schuljahres gut schaffen.
Und wenn es ohne Druck lesen gelernt hat, haben Sie mit ihm zusammen die beste Grundlage für den Lese- und Schreiberfolg der späteren Schuljahre gelegt.

Ihr

Siegfried Buck

BAUSTEINE

Fibel

Neubearbeitung

Herausgegeben von
Siegfried Buck

Erarbeitet von
Gisela Buck, Siegfried Buck,
Gabriele Hinze, Siegfried Müller
und Helge Weinrebe

Diesterweg

INHALT

Diese Texte sind für Kinder mit fortgeschrittenen Lesekenntnissen gedacht.

Simon Dittrich

Zum Vorlesen und Mitmachen

Ele und Lea

Heute ist ein großes Fest im *Zirkus (Täterä!)*. *Lea (Hurra!)*, die Tochter des Direktors, wird sechs Jahre alt. Ihr kleiner Lieblingselefant *Ele (Tröö!)* hat am gleichen Tag Geburtstag.

Lea und *Ele* dürfen heute zusammen im *Zirkus* auftreten.
Das Orchester des *Zirkus* spielt einen Tusch. Der Direktor des *Zirkus* rollt eine riesige Kugel in die Manege. Lele, die Mutter von *Ele*, kommt in die Manege des *Zirkus* und balanciert einen Stuhl auf dem Rücken. Oben auf dem Stuhl sitzt *Ele*. Ganz vorsichtig steigt Lele auf die Kugel.

Eine zweite Kugel rollt in die Manege des *Zirkus*. Sie bleibt vor Lele und *Ele* liegen. Mit einem Knall springt die Kugel auf. Mit einer Reihe von Purzelbäumen kullert *Lea* heraus. *Lea* ist als Clownin gekleidet und wirft Lele einen Ball zu. Der Ball in Leles Rüssel platzt und ein Blumenstrauß kommt heraus. Dann steigt Lele im *Zirkus* vorsichtig von der Kugel herunter. Sie legt sich auf den Boden und *Ele* klettert aus seinem Stuhl. Lele gibt *Ele* den Strauß und *Ele* reicht ihn *Lea*.

Ele stellt sich im *Zirkus* neben *Lea*. *Ele* streckt den Rüssel in die Luft und trompetet laut. *Lea* legt den Arm um den Hals von *Ele*. Dann verbeugen sich *Ele* und *Lea*. Das Publikum im *Zirkus* schreit vor Begeisterung und klatscht laut für *Ele* und *Lea*.

Gisela Buck

So können die Kinder mitmachen: *Zirkus* – Trompete imitieren und *„Täterä!“* rufen, *Lea* – Arme nach oben und *„Hurra!“* rufen, *Ele* – Rüssel imitieren und *„Tröö!“* tuten.

Lea
E
l
e

E e

1

2

3

E l e L e l e L e a

Gute Nacht, Ele.
Gute Nacht, Lele.

L l

E  e l

L   

L 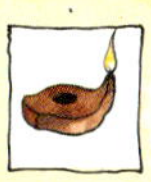  e

Wo ist Ele?
Wo ist Lea?
Wo ist der Löwe?

Simon Dittrich

Zum Vorlesen

Der schlaue Fuchs

In einem Wald, in der Nähe einer kleinen Dorfschule, lebte der schlaueste Fuchs weit und breit. Einmal brachten ihm einige Tiere ein Buch. Sie hatten es am Waldrand gefunden. Er sollte es ihnen vorlesen. Der Fuchs konnte nicht lesen. Aber er wollte es nicht zugeben. „Lasst das Buch da. Ich muss es zuerst allein lesen. Kommt in einer Woche wieder“, sagte er.

Als die Tiere gegangen waren, schaute der Fuchs ins Buch. Er sah bunte Bilder und neben jedem ein kleines schwarzes Zeichen. Die Bilder verstand er, die Zeichen aber nicht. „Ich muss ganz schnell lesen lernen“, dachte der Fuchs. Und er beschloss, am nächsten Tag zur Schule zu schleichen.

Am nächsten Tag war es warm. Die Fenster der Schule waren offen.
Der Fuchs versteckte sich in der Nähe. Auf einmal hörte er die Wörter:
Elefant, Efeu, Edelweiß. „Die gehören zu den Bildern im Buch!“, staunte er.
Mucksmäuschenstill saß er da und horchte. Jetzt sprach die Stimme langsam:
„E-lefant, E-feu, E-delweiß.“ Dann riefen viele Kinderstimmen: „E!“ „Aha“,
murmelte der Fuchs, „bei diesen Wörtern ist der Anfang immer gleich!“
Dann rannte er nach Hause.

Im Bau schlug der Fuchs das Buch auf. Er betrachtete die Bilder auf der ersten Seite und sprach dazu: „E-lefant, E-feu, E-delweiß. Das Zeichen daneben heißt sicher E.“ Auf der zweiten Seite sah er eine Leiter, eine Laterne und einen Löwen. Das Zeichen daneben sah anders aus als das E. „L-eiter, L-aterne, L-öwe“, sagte er langsam. „Aha!“ Auf der dritten Seite fand er die Bilder von Sonne, Sandale und Segelboot. Wieder war da ein neues Zeichen. „S-onne, S-andale, S-egelboot“, murmelte der Fuchs.
Auf der vierten Seite war nur der Esel abgebildet, darunter standen vier Zeichen. Er kannte sie von den Seiten vorher. Er sagte sie der Reihe nach auf: „E - S - E - L“, und noch einmal: „E - S - E - L“. Plötzlich sprang er auf, tanzte im Kreis herum und schrie: „Esel! Esel!“

In dieser Nacht schlief er nicht. Er las das Buch von vorne bis hinten durch.
„Ich kann lesen!“, freute er sich. „Ich kann den Tieren das Buch vorlesen!“

Gisela Buck

A a

Alle lesen:
Affe, Ananas,
Adler, Lama.

S s

 a s e  a s e

  s e   s e

Lasse malt Esel Sella.
Else malt Oma Suse im Sessel. 

N n

Esel
Else
Lea
Lieber Ele, ich mag dich!
Lea lass Ele lesen
Nase
Nase

N a  e

E n  e

 a n a n e

N a  e l

N a s    n

 n s e l

Lea und Ele lesen: Nase.
Lasse und Anna lesen:
Affen essen Ananas.

ZU HAUSE

Friedensreich Hundertwasser

Zum Vorlesen und Nachsprechen

Hausspruch

In meinem Haus,
da wohne ich,
da schlafe ich,
da esse ich.
Und wenn du willst,
dann öffne ich
die Tür
und lass dich ein.

In meinem Haus,
da lache ich,
da weine ich,
da träume ich.
Und wenn ich will,
dann schließe ich
die Tür
und bin allein.

Gina Ruck-Pauquèt

R r

Na
na
Nera
Ara
Ara
Rassel
Ananas
Esel
Esel
Rassel
Nera
lass
Nero
Rassel
Rrrr

Anna sagt: Rose!
Lasse ruft: Dose!
Anna sagt: Frau!
Nera bellt: Wau!

M m

Alle malen.
Lea, Lasse, Ele malen Mama.

Anna und Lasse besuchen Lea.
Lea lebt mit Mama und Papa
im Wohn-Wagen.

I i

An Lasse
1
Im immer:
Sessel.
Nimm 2
im issen.
2
errasse.
Nimm 3
am i .
3
ins s.
Insel
im eller.

Ich bin der Quiesel.

Ich will mit allen Kindern
lernen, lesen,
malen, rennen
und Unsinn machen.

Simon Dittrich

Zum Vorlesen

Zauberer der Küche

Es war einmal eine Königin, die war ein großes Leckermaul. Sie aß nur die ausgesuchtesten Speisen. Schon zum Frühstück wollte sie die besten Käse und Würste und verschiedene Kuchen und Torten. Zum Mittagessen und zum Abendessen verlangte sie drei verschiedene Fische, vier verschiedene Braten und fünf Kugeln Sahneeis.

Eines Tages starb der Koch. Kein anderer Koch konnte es ihr mehr recht machen. Alle ließ sie in den Kerker werfen. Schließlich ließ sie verkünden, dass sie den heiraten werde, der gut für sie koche.

Das hörte der Küchenjunge Hans. Er kam mit seinen drei Freunden, einem Hündchen, einem Häschen und einem Schweinchen aufs Schloss. Er versprach gut für die Königin zu kochen und ging mit seinen Freunden gleich in die Küche. Aber weil sie müde waren, legten sie sich erst einmal schlafen.

Die Königin wartete und wartete und bekam nichts zu essen. Schließlich schaute sie in die Küche. Sie tobte, als sie sah, dass die vier schliefen, und rannte fort, um ihren Kerkermeister zu holen.

„Was machen wir nun?“, jammerte Hans. Er stand am Herd und blickte ganz verzweifelt in all die leeren Töpfe. Da sagten die Tiere: „Du warst immer unser Freund und hast gut für uns gesorgt. Deshalb werden wir dir jetzt helfen.“ „Fisch und Fleisch!“, bellte das Hündchen. „Obst und Gemüse!“, mümmelte das Häschen und schlenkerte seine Ohren. Und das Schweinchen quiekte drei Mal.

Da begann es in den Töpfen zu brodeln und in den Pfannen zu brutzeln. Aus jedem Topf und jeder Pfanne, die Hans mit dem Kochlöffel berührte, flogen die fertigen Speisen in den Speisesaal. Als die Königin dorthin zurückkam, stand das wunderbarste Essen auf dem Tisch. Da war sie sehr zufrieden. Hans heiratete die Königin. Das Hündchen, das Häschen und das Schweinchen blieben auf dem Schloss und zauberten für die beiden jeden Tag die besten Speisen.

Gisela Buck

O o

RI RO RONEN
Alle essen Melonen.

RI RO RAS
Alle essen Ananas.

RI RO RINEN
Alle essen Rosinen.

O  s  - S a l a 

 a n a n e n  i r n e n

 r   e n N  s s e

Rosinen und Nüsse aus der Türkei
Melonen und Zitronen aus Italien
Äpfel und Birnen aus Deutschland

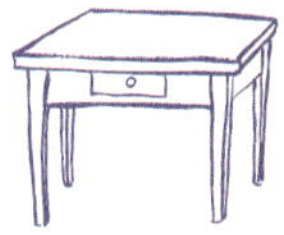

T t

Lea nimmt
Tomaten-Salat.
Oma nimmt
Ananas-Torte.
Nimmt Lasse Salami?

Lea nimmt Limo.
Oma nimmt Tee.
Nimmt Lasse Ananas?

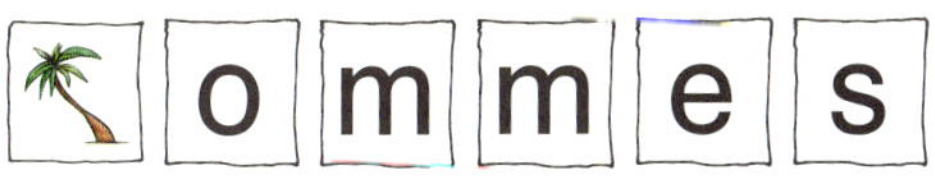

Lasse mag Hähnchen mit Pommes.
Lea will lieber Obst und Salat.
Oma nascht gern.

F f

Salami
Linsen
Tomaten
Melonen
Rosinen
Senf
Fett
Flottes Essen!
Tolles Essen!!
Fett
ROSINEN
LINSEN
Senf

Quiesel kocht tolle Sachen.
Ele fragt:
Wer soll das alles essen?

Giovanni Vetere

Zum Vorlesen und Nachsprechen

Wann Freunde wichtig sind

Freunde sind wichtig
zum Sandburgen bauen,

Freunde sind wichtig,
wenn andre dich hauen,

Freunde sind wichtig
zum Schneckenhaus suchen,

Freunde sind wichtig
zum Essen von Kuchen.

Vormittags, abends,
im Freien, im Zimmer...

Wann Freunde wichtig sind?
Eigentlich immer!

Georg Bydlinski

K k ck

Lasse rennt los.
Er klettert am Reck.
Lea klettert am Kasten.

Anna ist krank.
Kann Anna klettern?
Kann Anna rennen?

Anna hat ein Buch gelesen.
Nun ist sie müde.
Sie kuschelt mit Ele
auf dem Sofa.

Ei ei

Tom ist in Klasse 1a.
Er ist klein, kleiner als alle.
Er kann
klettern, lesen, rennen.
Kann er alles?
Nein.

Tom kann
einen Eier-Trick.

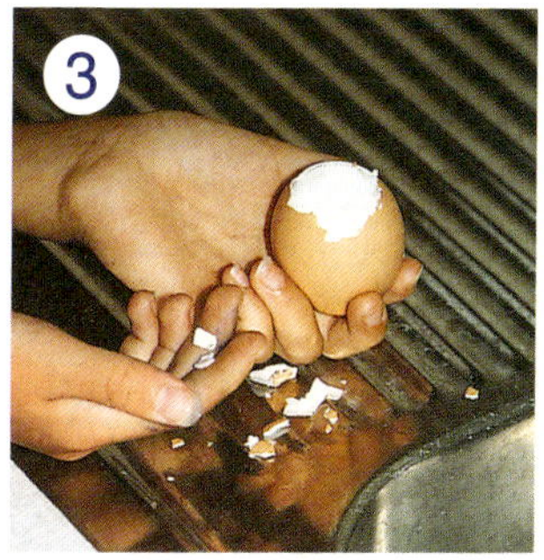

Tom nimmt ein gekochtes Ei und schält es.

Er zündet ein  an.

Er steckt es in eine Milch-Flasche.

Dann setzt Tom das Ei auf die Flasche.

Was wird geschehen?

So eine tolle Musik.
Uta summt mit einem Kamm.
Suna rasselt mit Kronen-Korken.

Lea tutet.
Lasse trommelt im Takt.

Bist du heute einmal wütend, mach es so...

Bist du heute einmal traurig, mach es so...

Bist du heute einmal froh, mach es so...

Max Ernst

Zum Vorlesen und Nachsprechen

Sternenfischer

Ich liege auf dem Rücken
im weichen, schwarzen Gras.
Ich zähle Sternenlücken,
der Himmel ist aus Glas.

Er hat so viele Löcher,
da fallen Sterne raus.
Ich fang sie mit dem Köcher
und nehm sie mit nach Haus.

Helge May

Die Erde

Kugelrund
ist die Erde,
ein herrlicher Ball,
rund um die Sonne
trägt sie uns
durchs All.

Josef Guggenmos

♡ H h St st

Hans holt einen Sessel.
Er stellt ihn ans Fenster.
Am Himmel kann er Sterne sehen.
Mama kennt ihre Namen.

Mama holt ein  .
Nun lernt Hans Sterne kennen.

Ein wichtiger Stern ist der Polarstern.
Er steht immer im Norden.
Der Große Wagen hat 7 Sterne.
Welches Sternbild sieht so aus: W?
Kannst du die Ohren des Hasen erkennen?

D d ch

Es ist Nacht.
Hans ist allein.
Es ist dunkel.
Hans horcht.
Da – ein Drache mit acht Armen.

Hans macht Licht.
Da ist kein Drache.
Es ist nur ein Ast am Fenster.
Am Himmel steht der Mond.

Hans holt das Fernrohr.
Er schaut zum Mond.
Hans kann dunkle Flecken erkennen.
Wo ist der Mann im Mond?
Hat er sich versteckt?

Au au

Hans ist Astronaut.
Mit seinem Raketen-Auto saust er ins All.
Er kommt auf dem Mars an.
Hans klettert aus seinem Raketen-Auto.

Da kommt ein kleiner Mars-Mann.
Sein Name ist Aumaumau.

Hans fasst Aumaumau an.
Es knistert und kracht.
Au, Aumaumau!

Der Mars ist ein Planet.
Er leuchtet rot.
Planeten kreisen um die Sonne.
Auch die Erde ist ein Planet.

Franz Marc

Zum Vorlesen

Tiere in Eis und Schnee

Eva und Filip machen mit ihren Eltern Winterferien im Gebirge. Sie gehen mit dem Bauern zur Wildfütterung. Während der Bauer das Heu in die Futterkrippe füllt, entdecken die Kinder Spuren im Schnee. Da ruft Filip aufgeregt: „Bauer, schau, da sind die Spuren vom Eisbär." Der Bauer lacht: „Vom Eisbär können die nicht sein. Da muss sich ein großer Hund herumgetrieben haben." Filip ist enttäuscht: „Und ich glaube, es war doch ein Eisbär!"

Eva mischt sich ein: „Eisbären gibt es bloß am Nordpol. Das weiß ich ganz genau. Die Eisbären fressen die Pinguine und die Menschen jagen die Eisbären." Filip wird wütend: „Du willst immer alles besser wissen, bloß weil du die große Schwester bist. Pinguine und Eisbären gibt es am Südpol. Aber Eisbären gibt es auch auf den Gletschern in den Bergen. Der hier ist halt zur Futterstelle heruntergekommen!" Er stampft mit dem Fuß auf.

Der Bauer sagt: „Eva hat Recht und Filip hat Recht und Eva hat Unrecht und Filip hat Unrecht. Also seid ihr quitt. Ich werde es euch erklären. Eva hat Recht, weil es Eisbären nur in der Arktis, beim Nordpol, gibt. An der Futterstelle kann also kein Eisbär gewesen sein." Eva streckt Filip die Zunge heraus: „Ätsch!" „Halt!", sagt der Bauer, „Filip hat aber auch Recht, weil es Pinguine nur in der Antarktis, also am Südpol, gibt." Filip zeigt Eva den Vogel: „Bäh!"

„Bei uns in den Bergen gibt es weder Eisbären noch Pinguine", fährt der Bauer fort, „dafür Rehe, Gämsen und Hirsche. Für sie wäre es am Nordpol und am Südpol zu kalt. Sie haben hier schon Mühe genug Futter zu finden."

„Und wenn die Spuren doch von einem Eisbär waren? Vielleicht ist einer aus dem Zoo ausgebrochen...?", denkt Filip.

Gisela Buck

Sch sch ie

Schnee-Hasen kann man
im Schnee schlecht erkennen.
Sie tarnen sich mit ihrem Fell.

In Eis und Schnee suchen sie
nach Rinde, Moos und Halmen.

Auch der Eis-Fuchs tarnt sich.
So kann er sich anschleichen,
ohne dass ihn die anderen Tiere sehen.

Der Eis-Fuchs hat im Sommer
ein grau-braunes Fell. Im Winter wird es weiß.
Seine größten Feinde sind die Menschen.
Sie jagen ihn. Sie wollen
aus seinem Fell Pelz-Mützen machen.

G g

Nome holt ihren Hund
aus dem Gehege.
Sie legt ihm das Geschirr um.
Die Schlitten-Fahrt geht los.
Sie rasen durch die Gegend.
Nome lacht.

Nomes Onkel macht ein Iglu.
Nome darf das erste Mal
im Iglu schlafen.
Im Iglu ist es nicht kalt.

Nome ist ein Eskimo-Mädchen.
Eskimos nennen sich Inuit,
das heißt Menschen.

Die Inuit leben heute
in Häusern wie wir.
Wenn sie auf die Jagd gehen,
bauen sie sich manchmal ein Iglu.

P p

Pinguin Plim piepst:
Hallo, Sie!
Ich fahre nicht mit Ihnen Schi!

Pinguin Plom
planscht mit „Hallo!“
im kalten Eisloch rum: Oho!

Pinguin Plam
schnallt seine Schlittschuh
komisch an.

Pinguin Plum
reicht Eis am Stiel
im Kreis herum.

Die meisten Pinguine leben in der Antarktis.
Sie sind Vögel,
können aber nicht fliegen.
Sie können gut schwimmen und tauchen.

An Land watscheln sie.
Wenn sie auf dem Bauch schlittern,
kommen sie schnell vorwärts.

Edwin Landseer

Der Hund

Wer hat die Pantoffeln zu Fetzen zerkaut?
    Der Hund!
Wer hat aus der Pfanne den Braten geklaut?
    Der Hund!
Wer hat die seidene Decke zerrissen,
den Briefträger und Nachbars Kater gebissen?
    Raus, raus, raus!
    Raus mit dem Hund aus dem Haus!

Wer liegt auf dem Sofa, obwohl er's nicht soll?
    Der Hund!
Wer kratzt an den Beeten und gräbt dort wie toll?
    Der Hund!
Wer rannte dem Radfahrer zwischen die Speichen
und jault auf der Treppe zum Steine erweichen?
    Raus, raus, raus!
    Raus mit dem Hund aus dem Haus!

Wer hält seinen Kopf schief und guckt einen an?
    Der Hund!
Sodass ihm kein Mensch ernsthaft böse sein kann?
    Der Hund!
Wer hebt seine Pfote und bittet: Verzeih!
und schleppt die zerkauten Pantoffeln herbei?
    Unser lieber, guter,
    unser goldiger, einziger,
    süßer, entzückender Hund!

Ilona Bodden

B b

Bello

Bello nennen mich meine Menschen.
Sie sind froh, dass ich ihnen helfe.

Mit dem Besen fege ich
die Treppe.

Bei Regen hole ich die
Hose ins Haus.

Noch lieber packe ich die
Tasche aus.

Besonders gern helfe ich im Garten.

Am Abend lege ich mich in mein Bett.

In den ersten beiden Wochen
wollte Bello nur trinken und schlafen.

Bei seiner Mutter konnte er Milch saugen
und sich ankuscheln.

Nach drei Wochen konnte Bello sehen,
hören und riechen.

Bello begann durch die Wohnung zu tapsen.
Er lernte auch,
dass manche Dinge verboten sind.

Watschel

Im April legte die Entenmutter
Eier ins Nest.
Einen Monat saß sie darauf.
Wenn sie das Nest allein ließ,
bedeckte sie es mit Gras.

Schließlich brach Watschel
ihre Eier-Schale auf
und kullerte heraus.

Schnell trocknete die Sonne
die Federn.

Watschel und die anderen
kleinen Enten
konnten gleich schwimmen.

Nach acht Wochen
war Watschel erwachsen.
Nun konnte sie
auch fliegen.

Watschel gehört zu den Stockenten.
Sie ist ein Weibchen.
Man kann es am Gefieder erkennen.
Es ist braun-weiß.
Männliche Enten nennt man Erpel.
Die Stockenten-Erpel haben
einen grünen Kopf mit einem weißen Halsband.

Eu eu

Till

Till war eine kleine Eule.
Till hatte Angst.
Er wollte nicht fliegen.

Till klammerte sich an den Nestrand.
Er streckte sich
und flatterte aufgeregt.

Da fiel Till aus dem Nest.
Er plumpste auf das Dach der alten Scheune.
Nach diesem Schreck musste er sich erholen.

Doch was war das?

Ein großes dunkles Tier
schlich sich an.

Schnell fort!

Till flatterte heftig
und konnte auf einmal fliegen!

Über das Heulen von Eulen

Es sitzt die Eule in dem Turm
und heult so schaurig wie der Sturm.
Sie jammert laut: Huhuu! Huhuu!
Da hält man sich die Ohren zu
und schließt geschwinde alle Fenster
und sieht vor lauter Angst Gespenster!

Hast du noch nie bedacht, mein Kind,
dass Eulen auch mal hungrig sind?
Die Eule nämlich in dem Turm
heult nur nach einem Regenwurm.

Eva Rechlin

Mordillo

Zum Vorlesen

Das Super-Ferienmobil

Es war in Paris am 24.1.72. Die Familie des berühmten Erfinders Professor Nahodil plante ihre Ferienreise. „Kannst du nicht ein fahrbares Ferienhaus erfinden, dann können wir überall hinfahren," schlug Frau Nahodil vor. Herr Nahodil wurde bleich.
Er kannte seine Frau und seine zehn Kinder. Wie sollte er ein Super-Ferienmobil erfinden, das allen gefiel? Herr Nahodil ging in seine Erfinder-Werkstatt und machte sich ans Werk. Er kam gut voran und Frau und Kinder bewunderten seine Arbeit. Dann aber ging es los. Zuerst kam Frau Nahodil: „Ich brauche einen Dampfabzug in der Küche und eine Dachterrasse mit Wäscheleine!"
Dann schrien die Kinder durcheinander: „Ich will kein Plumpsklo, sondern eine richtige Toilette!" „Ich muss unbedingt eine Badewanne haben!" „Ich brauche einen Aussichtsbalkon!" – und, und, und...
Herrn Nahodil packte die Verzweiflung.

Wochenlang grübelte er, probierte und montierte. Das Ferienmobil wurde immer größer, höher, voller. Nach einiger Zeit musste er es vor der Werkstatt stehen lassen. Da kam die Polizei.
„Dieses Fahrzeug ist nicht verkehrssicher. Damit dürfen Sie nicht auf die Straße", sagten sie und überreichten Herrn Nahodil eine lange Liste mit Vorschriften. Herr Nahodil wankte ins Haus.

Er legte sich ins Bett und aß eine ganze Tüte Gummi-Bärchen. Dann sagte er trotzig: „Ich habe die Wünsche von meiner Frau und den zehn Kindern erfüllt. Ich werde auch noch die Vorschriften der Polizei erfüllen." Das dauerte allerdings sehr lange. Schließlich musste Herr Nahodil nur noch die Scheinwerfer, die Rücklichter und die Hupe montieren.

Am 6.10.72 fuhr die Familie Nahodil mit dem Super-Ferienmobil zur Polizei und bekam endlich die Zulassung. Und weil am selben Tag die Herbstferien begannen, fuhren sie gleich weiter.

Gisela Buck

Wie man Vampire vertreibt

Eva hatte ein Vampir-Buch gelesen.
Nun konnte sie nicht einschlafen.

Morgen erfinde ich eine Maschine,
die soll in der Nacht Vampire vertreiben,
nahm sie sich vor.

Am Morgen machte sie sich an die Arbeit.
Sie wusste, dass Knoblauch-Duft Vampire vertreibt.
Am Abend war nach vielen Versuchen
ihre Maschine fertig.
Diese presste automatisch
immer wieder eine Knoblauch-Knolle aus.

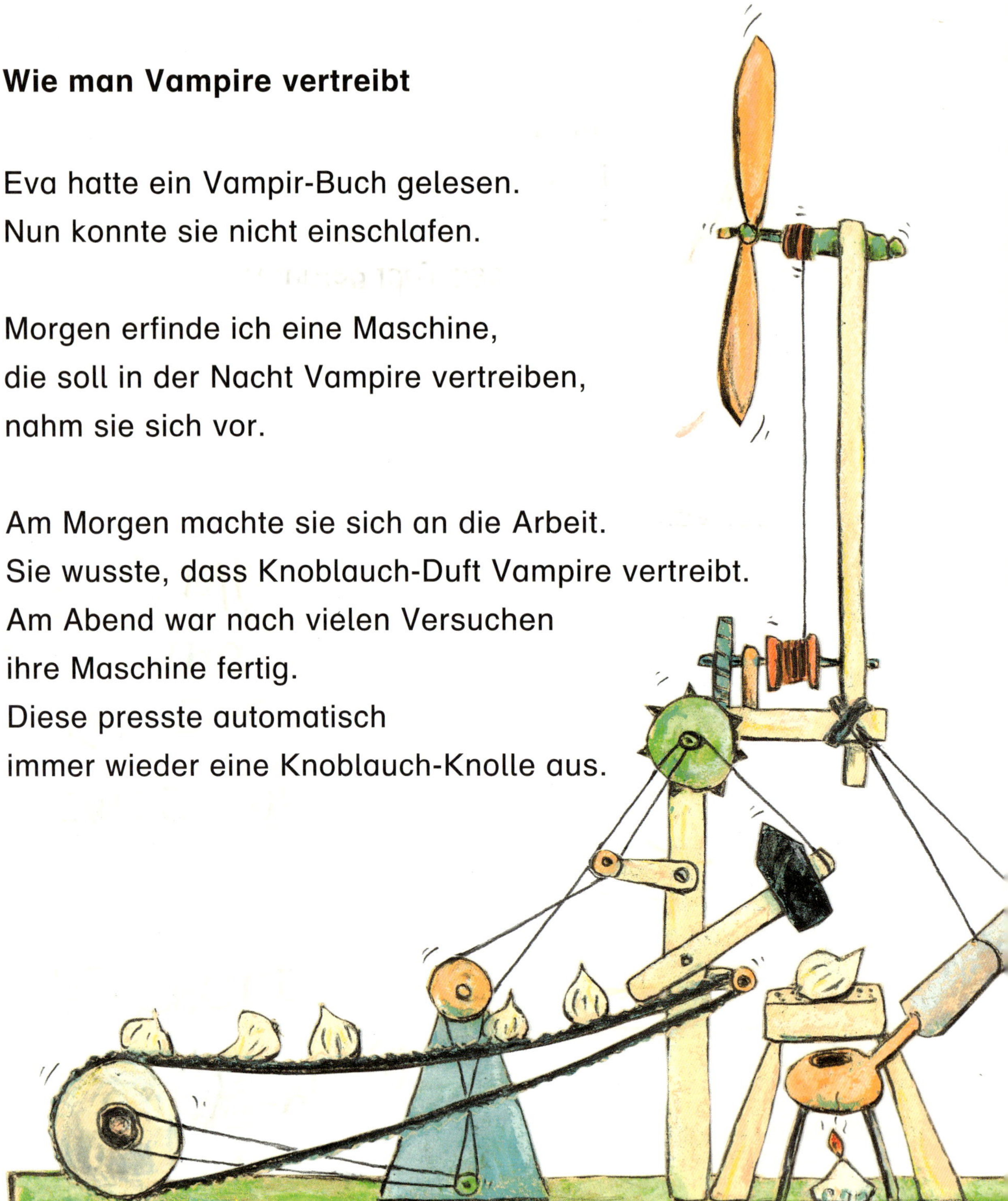

Auf einmal knurrte Evas Magen.
Sie kochte sich eine Kartoffel-Suppe.
Da rasselte die Vampir-Vertreib-Maschine
und presste eine Knoblauch-Knolle aus.
Eva schob schnell ihren Suppen-Topf darunter.

Super!, rief sie.
Wenn ich die Suppe esse,
rieche ich selber nach Knoblauch.
So bin ich vor Vampiren sicher.

Da konnte Eva wieder gut schlafen.

Qu qu

Quiesel und Ele als Erfinder

Quiesel und Ele wollen etwas Tolles erfinden.

Ele denkt sich eine Qualm-Maschine aus.
Damit kann er bequem Qualm-Bilder machen.
Nun schweben Blumen, Tiere
und Gesichter aus Qualm
in der Luft herum.

Quiesel erfindet einen Quark-Bohrer.
Damit bohrt er ein Loch nach dem andern
in den Quark.
Dann gibt er Quitten-Marmelade hinein.
Quitten-Quark mag Quiesel besonders gern.

Z z

Die Zwitscher-Maschine

Quiesel und Ele wollen Amseln beobachten.
Um sie anzulocken erfinden sie
eine Zwitscher-Maschine.
In der Werkstatt nimmt Quiesel
Draht, Blech, Holz und eine Kurbel.
Ele zieht Draht
zwischen zwei Brettchen.
Auf die Kurbel steckt Quiesel
kleine Blech-Streifen.

Nun dreht Ele die Kurbel.
Das Blech zupft am Draht
und der Draht zwitschert.

Im Garten probieren sie
ihre Maschine aus.
Quiesel klettert
auf einen Zwetschgen-Baum.
Er zwitschert mit der Maschine.
Leider kommen keine Amseln.
Ele wird ungeduldig. Er sagt:
Lass mich auf den Baum und zwitschern!

 ä 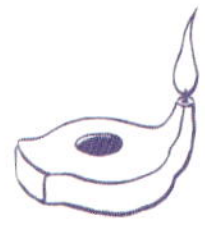 ö  ü

Lasse träumt

Lasse will Erfinder werden.
Immer wieder träumt er davon.

Dann baut er tolle Häuser.
Darin kann man auf dem Mond leben,
aber auch tief unten im Meer.

Um die Häuser herum sind Zäune
aus bläulichem Material.
An den Eingängen blinken Knöpfe
mit rötlichen Lichtern.

äu

Wenn Lasse die Knöpfe berührt,
erscheinen grüne Roboter-Mäuse.
Sie führen die Gäste
durch riesige Röhren in die Häuser.
Lasse will mitgehen.

Er ärgert sich,
dass er dann immer aufwacht.

Deshalb weiß Lasse nicht,
wie es drinnen aussieht.

Otmar Alt

Zum Vorlesen und Mitsprechen

Fußball

Anpfiff, Anstoß,
gib doch ab, gut gemacht,
dribbeln, dribbeln, rennen, rennen,
Abspiel, Flanke,
Schuss, Torwart hält.

Abschlag, Kopfball,
gib doch ab, gut gemacht,
dribbeln, dribbeln, rennen, rennen,
Ecke, Eckball,
Schuss, Tor! Tor!

Siegfried Müller

J j ng

Judo

Judo kommt aus Japan
und bedeutet „der sanfte Weg“.
Jana übt jede Woche
mit anderen Mädchen und Jungen.
Alle tragen weiße Kimonos.
Sie treffen sich im Dojo,
ihrem Übungsraum.

Jana macht schon zwei Jahre Judo.
Sie hat eine Prüfung gemacht
und hat jetzt den gelben Gürtel.

Jana übt mit Vera
Würfe und Griffe.
Diese haben
japanische Namen.
Mit dem O-Goshi
wirft sie Vera
auf die Matte.

Jana hält Vera
mit dem Griff
Kesa-Gatame fest.
Wer 30 Sekunden
auf dem Rücken liegt,
hat verloren.
Doch Jana passt
einen Moment nicht auf
und Vera kann
sich befreien.

C c Sp sp

Spielfest auf dem Sportplatz

Der Sport-Club veranstaltet ein Spielfest.
Immer vier Kinder bilden eine Mannschaft.

Wasserlauf

Erst füllen Maria und Kang
ein Tablett mit Wasser.
Moni und Carola tragen es
zu einem Eimer.
Dort schütten sie
das Wasser hinein.
Das leere Tablett
bringen sie zurück.
Dann sind wieder
Maria und Kang dran.
Wenn der Eimer voll ist,
wird die Zeit aufgeschrieben.

Schwarze Brille

Anna, Eva und Lasse stehen in Reifen.
Carlo setzt eine Schwimmbrille auf.
Die Gläser sind schwarz angemalt.
Die drei anderen rufen ihm zu, wie er gehen muss.
Carlo muss zwischen den Reifen hindurch das Ziel finden.

Wäsche aufhängen

Gabi rennt zur Leine und hängt Wäsche auf.
Den leeren Korb bringt sie zurück.
Marco rennt zur Leine und holt die Wäsche.
Dann sind Uta und Lisa an der Reihe.

Die Kinder spielen noch Kegeln mit Tennisbällen,
das Angelspiel und die Fliesenbrücke.

Am Ende erhalten alle Kinder eine Urkunde.
Diese wird am Computer geschrieben
und sofort ausgedruckt.

Eugène Brands

Ein unheimliches Haus

Lea hatte ihn gewarnt.
Aber er hatte ihr nicht geglaubt
und war allein hineingegangen.

Und nun war es unheimlich.
Lasse sah drei Hände.
Eine davon war weiß.
Das war wohl seine.
Vorsichtig bewegte er sie — richtig!

Oben blinkte ein rotes Feld.
Links war ein schwarzer Schlüssel zu erkennen,
rechts ein Schlüsselloch.
Auf dem Boden blinkte etwas rot.
Und was war das da?
Die blauen und gelben Streifen?

Er sah ein Gespenst mit einem roten Auge.
Schon kam eines mit einem blauen Auge geflogen.

Lasse spürte einen Luftzug.
Er ging in diese Richtung.
Durch einen Spalt sah er Sonnenlicht.
Zwei Schritte noch und er hatte es geschafft.
Er war draußen.
Und da waren keine Gespenster.

Da stand Lea und winkte ihm zu.
Sie lachte und sagte:
Ich habe es gesagt.
Wenn du da allein rein gehst,
dann fängst du an, Gespenster zu sehen.

Martin Anton

Neun kleine Haus-Gespenster

Neun kleine Haus-Gespenster
tobten durch die Nacht.
Eines fand ein Lexikon.
Blieben nur noch acht.

Acht kleine Haus-Gespenster
wollten sich verlieben.
Eines schwamm zur Wassernixe.
Blieben nur noch sieben.

Sieben kleine Haus-Gespenster
trafen eine Hex.
Eines nahm sie mit als Diener.
Blieben nur noch sechs.

Sechs kleine Haus-Gespenster
suchten ihre Strümpf.
Eines nahm ein gelbes Taxi.
Blieben nur noch fünf.

Fünf kleine Haus-Gespenster
jagten einen Stier.
Eines ritt auf ihm davon.
Blieben nur noch vier.

Vier kleine Haus-Gespenster
verreisten mit Geschrei.
Eines fuhr nach Mexiko.
Blieben nur noch drei.

Drei kleine Haus-Gespenster
mixten einen Brei.
Eines rannte weg damit.
Blieben nur noch zwei.

Zwei kleine Haus-Gespenster
kamen an ein Loch.
Eines kroch ganz fix hinein.
Blieb nur eines noch.

Ein kleines Haus-Gespenst
fühlte sich allein.
Schickte allen schnell ein Fax.
Da waren es wieder neun.

Pf pf

Pflipp und Pflopp

Herr Hupf übernachtet in einer Burg.
Um Mitternacht wird er wach.
Horch, was ist das?

Der Wind pfeift um den Turm.
Der Bettpfosten knarrt.
Vor der Tür stampft etwas.

Auf einmal pocht es.
Herr Hupf hüpft
aus dem Bett.

Er öffnet langsam die Tür: Oh!
Zwei Gestalten stehen vor ihm.

Herr Hupf fragt zitternd:
Gibt es hier vielleicht Gespenster?
Pflipp und Pflopp antworten: Nein.
Wir spuken hier schon seit 500 Jahren
und haben noch nie eines gesehen.

Ch

Christiane, Chlothilde und Charlotte
sind Gespenster.
Sie singen zusammen im Grusel-Chor:

Heut sind wir Gespenster da!
Hihihi und Cha-Cha-Cha!
Und wir heulen wie noch nie!
Huhuhu und Hihihi!
Das finden wir ganz wunderbar!
Hohoho und Cha-Cha-Cha!

Y y

Geisterstunde

Fünf Minuten vor Mitternacht.
Eine Tür quietscht.

Vier Minuten vor Mitternacht.
Eine Treppe knarrt.

Drei Minuten vor Mitternacht.
Ein Vorhang bewegt sich.

Zwei Minuten vor Mitternacht.
Ein Teddy fällt auf den Boden.

Eine Minute vor Mitternacht.
Ein Stuhl fällt um.

Mitternacht. Stille.
Typisch Geisterstunde!

Ein Schatten erscheint. Er sagt:
Mama, ich kann nicht schlafen!

Otmar Alt

Zum Vorlesen

Kunterbunte Malerei

Ticke Tacke Tocke Taler:
Ich bin Otto Krebs, der Maler.

Ticke Tacke Tocke Tuhl:
Zum Malen brauch ich meinen Stuhl.

Ticke Tacke Tocke Tinsel:
Heftig schwing ich dann den Pinsel.

Ticke Tacke Tocke Tiegen:
Ich male, dass die Funken fliegen.

Ticke Tacke Tocke Tunt:
Was ich mal, wird kunterbunt.

Ticke Tacke Tocke Tane:
Der Mond wird gelb wie die Banane.

Ticke Tacke Tocke Tau:
Die Wiese mal ich himmelblau.

Ticke Tacke Tocke Tas:
Der Himmel, der wird grün wie Gras.

Ticke Tacke Tocke Tille:
Blau, gelb, rot wird meine Brille.

Ticke Tacke Tocke Tut:
Schwarz bleibt nur mein Malerhut.

Ticke Tacke Tocke Tause:
Selten mach ich eine Pause.

Ticke Tacke Tocke Tuhl:
Später steige ich vom Stuhl.

Ticke Tacke Tocke Tei:
Dann ist die Malerei vorbei.

Martin Anton

L wie Lew

Maria ist vor zwei Monaten
nach Deutschland gekommen.
In Kasachstan hat sie Russisch gesprochen.

Jetzt geht sie in die 1. Klasse.
Heute lernen sie den Buchstaben L.
An der Tafel hängt ein Bild von einem Löwen.
Die Lehrerin fragt Maria, wie das Tier heißt.
Maria sagt: „Lew.“

Viele Kinder lachen.
Die Lehrerin sagt: „Lew ist Russisch.
Auf Deutsch heißt es Löwe.
Aber beides fängt mit L an.“

Auf dem Heimweg sagt Marias Freundin Suna:
„Auf Türkisch heißt Löwe Aslan.
Jetzt kannst du ein türkisches Wort
und ich kann ein russisches Wort.“

Otto Morath

Remzi aus Albanien

Remzis Eltern haben in Deutschland Asyl gefunden.
Sie leben in einem Wohnheim.

Remzi findet in seiner Klasse schnell Freunde.
Und seinen Lehrer findet er sehr nett.
Eines Tages kommt Remzi begeistert nach Hause.
Aber seine Mama weint.
Sie erklärt ihm:
„Wir müssen nächste Woche wegziehen,
in eine andere Stadt."

Da wird Remzi traurig.
Aber am nächsten Tag tröstet ihn sein Lehrer:
„Du darfst Ele mitnehmen.
Und wenn du in der neuen Schule bist,
schreiben wir dir einen Brief!"

Jetzt ist Remzi nicht mehr ganz so traurig.

Otto Morath

NEIN

Lisa liebt das Schmusen sehr,
Kater Moritz noch viel mehr.
Gefällt es ihm,
dann schnurrt er.
Wenn nicht,
dann faucht und knurrt er.

Auch Lisa
will nicht schmusen müssen,
will nicht
auf Kommando küssen.
„Mein Körper
gehört nur mir allein.
Wenn ich nicht will,
dann sag ich NEIN!“

Groß und klein ...

Eine halbe Stunde

Mein Papa ist Elektriker.
Er verkauft Fernsehgeräte.

Er setzt auch Satelliten-Schüsseln aufs Dach.
Er bohrt Löcher und verlegt Kabel.
Am Ende räumt er alles auf.

Ich freue mich, wenn Papa von der Arbeit kommt.
Dann hat er Zeit für mich.
Wir spielen oder basteln zusammen.

Aber manchmal klingelt es an der Tür.
Irgendein Nachbar steht da und hat ein Problem:
ein Bügeleisen, das nicht bügelt,
ein Fernseher, der kaputt ist.

Dann sagt Papa immer:
„In einer halben Stunde
komme ich vorbei.“

Die halbe Stunde gehört Papa und mir.

Friederike Engelmann

Buntstift und Computer

Leon malt mit Buntstiften ein Bild.
Mama sitzt am Computer und arbeitet.

Plötzlich ruft Mama: „O, nein!“
„Was ist los?“, will Leon wissen.

„Ein Virus muss auf meinem Computer sein“,
sagt Mama ärgerlich.
„Nun ist alles weg,
was ich in der letzten Stunde gemacht habe.
Ich habe ganz umsonst gearbeitet.“

„Arme Mama!“, sagt Leon
und streichelt Mamas Arm.

Mama seufzt.
Dann lächelt sie und sagt:
„Nur gut, dass dein Bild
nicht verschwunden ist.
Das hast du wirklich
sehr schön gemalt.“

Martin Anton

Eine Schule auf Rädern

Ramona ist 9 Jahre alt, Roxana ist 7 Jahre alt,
Renaldo ist 5 Jahre alt, Sascha ist 11 Jahre alt
und Ricardo ist 13 Jahre alt.
Sie alle leben mit ihren Eltern
bei einem Zirkus.

Sie gehen alle in dieselbe Schule,
dieselbe Klasse und haben dieselbe Lehrerin.
Ihr Klassenzimmer rollt immer mit.
Es steht auf dem Zirkusplatz.
Die Lehrerin kommt zu ihnen.

Das Klassenzimmer hat 10 Tische, eine Tafel,
einen Computer und eine Spielecke.
Die Kinder lernen wie
in einer anderen Schule auch.
Aber jedes Kind lernt etwas anderes.

Zirkuskinder üben nach der Schule
täglich noch in einer Manege.
Dort werden sie dann von den Eltern unterrichtet.
Alle träumen davon große Artisten zu werden.
Trotzdem ist die Schule sehr wichtig für sie.

Gisela Buck / Annette Schwer

Die drei kleinen Schweinchen

Es waren einmal drei kleine Schweinchen.
Sie hießen Christof, Christian und Christine.
Christof machte sich ein Haus aus Gras.

Eines Tages kam der Wolf und fragte:
„Darf ich herein?“

Christof antwortete:
„Nein, nein, nein,
du darfst nicht rein!“

Da schrie der Wolf:
„Ich werde trampeln
und strampeln
und husten
und das Haus wegpusten!“

Er trampelte und strampelte,
er hustete und pustete
und das Haus flog weg.

Doch das Schweinchen war nicht mehr da.

Christian machte sich ein Haus aus Pappe.
Eines Tages kam der Wolf und fragte:
„Darf ich herein?“

Christian antwortete:
„Nein, nein, nein,
du darfst nicht rein!“

Da schrie der Wolf:
„Ich werde trampeln
und strampeln
und husten
und das Haus wegpusten!“

Er trampelte und strampelte,
er hustete und pustete
und das Haus flog weg.

Doch das Schweinchen war nicht mehr da.

Christine machte sich ein Haus aus Stein.
Dort wohnte Christine
mit den anderen Schweinchen.

Eines Tages kam der Wolf und fragte:
„Darf ich herein?“

Die drei Schweinchen
antworteten im Chor:
„Nein, nein, nein,
du darfst nicht rein!“

Da schrie der Wolf:
„Ich werde trampeln
und strampeln
und husten
und das Haus wegpusten!“

Er trampelte und strampelte,
er hustete und pustete
und pustete und pustete.

Das Haus stand fest.

Da rannte der Wolf ums Haus
und ums Haus
und ums Haus
und dann in den Wald hinaus.

Die drei Schweinchen lachten ihn aus.

Robert Delaunay

Zum Vorlesen und Spielen

DAS JAHR

beginnt mitten im Winter.
Und nach Frühling und Sommer
und Herbst und Winter endet

DAS JAHR

beginnt mitten im Winter.
Und nach Frühling und Sommer
und Herbst und Winter endet

DAS JAHR

beginnt mitten im Winter.
Und nach Frühling und Sommer
und Herbst und Winter endet

DAS JAHR

Siggi Gsell

Falle, falle, gelbes Blatt,
rotes Blatt –
bis der Baum
kein Blatt mehr hat.
Weggeflogen alle.

Wilhelm Bender

L	a		e	r	n	e		S		n	n	e

M		n			u	n			S		e	r	n	e

Ich gehe mit meiner Laterne
und meine Laterne mit mir.

Lieber guter Nikolaus,
komm herein
in unser Haus.
Hast du was,
so setz dich nieder.
Hast du nichts,
so geh gleich wieder.

Ich möcht euch was sagen:
Es ist schon Advent,
kommt, seht und staunet:
Das erste Licht brennt!

Ich möcht euch was sagen:
Das Warten wird lang,
drum zünde ich eilig
das zweite Licht an!

Ich möcht euch was sagen:
Bald ist es so weit,
drei Lichter am Kranze
verzaubern die Zeit!

Ich möcht euch was sagen
und sage es gern:
Vier Lichter verkünden
die Nähe des Herrn!

Gabi Hoppmann

Weihnachts-Zeit

Wenn Weihnachtslieder erklingen,
dann ist Weihnachten nah.
Und schon in ein paar Tagen
ist das schöne Fest da.

Wenn Sterne unsre Fenster schmücken,
dann ist Weihnachten nah.
Und schon in ein paar Tagen
ist das schöne Fest da.

Gertrud Lorenz

Die drei Spatzen

In einem leeren Haselstrauch
da sitzen drei Spatzen, Bauch an Bauch.

Der Erich rechts und links der Franz
und mitten drin der freche Hans.

Sie haben die Augen zu, ganz zu,
und obendrüber, da schneit es, hu!

Sie rücken zusammen dicht an dicht.
So warm wie der Hans hat's niemand nicht.

Sie hören alle drei ihrer Herzlein Gepoch.
Und wenn sie nicht weg sind, so sitzen sie noch.

Christian Morgenstern

Helau!

Alaaf!

Narri, Narro!

An Fastnacht wollen alle Leute
lustig sein und feiern.
Kinder und Erwachsene
verkleiden sich und machen Unsinn.

Früher wollten die Menschen
so die Geister des Winters loswerden.
Sie machten Krach,
um den Winter zu erschrecken.
Sie setzten Masken auf,
damit der Winter sie nicht erkennt
und die Geister ihnen nichts tun.

Die Sonne scheint,
es wird warm.
Eine Amsel singt.

In meinem Garten
ist über Nacht
der Frühling erwacht.
Man kann ihn schon sehen.
Schneeglöckchen stehen
in dichten Reih'n.
Sie wecken die Vögel, die Wälder,
die Büsche, die Wiesen und Felder,
die ganze Welt
und dich
und mich.

Hilga Leitner

Der Eierdieb

Der Osterhase hat heut Nacht
einen Überfall gemacht.
Hühner, Hahn und auch der Bauer,
alle waren ziemlich sauer.

Doch statt die Eier zu verteilen
will er schnell nach Hause eilen.
Er macht ein riesiges Omelett
und legt sich grinsend in sein Bett.

Andreas Röckener

Osterferien

Berni ist jetzt oft allein.
Sein Papa ist nicht mehr da
und seine Mutti geht den ganzen Tag arbeiten.

Aber nun hat Mutti eine Woche Urlaub.
Sie ist den ganzen Tag daheim.
Die beiden spielen und machen Ausflüge.
Das findet Berni gut.

Heute waren sie auf einem Bauernhof.
Dort haben sie auch Eier gekauft.
Sie backen einen Kuchen.

Dann malt Berni die ausgeblasenen Eier an.
Ein Ei legt er heimlich weg.
Er will es Mutti am Ostermorgen schenken.

In das Ei steckt er ein kleines Papier.
Er hat einen Wunsch darauf geschrieben.

Zum Muttertag

Mama ist ne Superfrau,
denn sie kennt mich ganz genau.
Sie irrt sich selten oder kaum,
auf sie kann ich ganz fest vertraun.

Zum Vatertag

Papa ist ein toller Mann,
auf den ich mich verlassen kann.
Ich mag, dass er fest zu mir hält.
Er ist der Liebste auf der Welt.

Clowns am Meer

Als die Clowns mal Urlaub machten,
tanzten, spielten sie und lachten.

Sie zogen bis ans blaue Meer
und dachten: „Weiter geht's nicht mehr."

Clown Herbert rief: „Nur nicht verzagen!
Mein Gummiboot wird uns schon tragen!"

Die Dampferfahrt war lang und heiter,
erzähle die Geschichte weiter...

Andreas Röckener

Hallo Kinder!

Ich bin's, eure  . Wenn ihr diesen 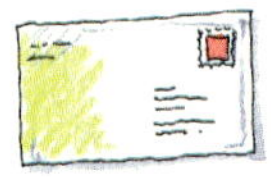

bekommt, ist eure  schon wieder mit 

und dem ganzen  in einer anderen  .

Die  , alle  und die  ,

die  , die  , die  und

die anderen Tiere sind mit ihren  auch da.

Ich gehe jetzt mit den anderen Zirkus- 

in unsere eigene Zirkus- 

.

Wir haben eine  , die immer mit uns zieht.

Wenn der  in eure  kommt,

werden  und ich euch wieder besuchen.

Bis dahin schlägt eure  für euch einen 

und euer  spielt einen Tusch auf der  .

Schöne Ferien und viele Grüße, natürlich auch an 

von Lea und Ele

Simon Dittrich

Bausteine Fibel
Herausgegeben von Siegfried Buck
Erarbeitet von Gisela Buck, Siegfried Buck, Gabriele Hinze, Siegfried Müller und Helge Weinrebe
Auf der Grundlage von Bausteine Fibel (MD 2080)
Herausgegeben von Siegfried Buck
Erarbeitet von Gisela Buck, Siegfried Buck, Gabriele Hinze, Siegfried Müller, Luitgard Schell und Helge Weinrebe
Illustrationen von Renate Becker, Franziska Biermann, Julia Ginsbach, Falko Honnen, Dieter Konsek, Hildegard Müller, Angelika Schuberg-Ahrens und Gabi Selbach

Abbildungsnachweis
S. 4: Farbradierung Simon Dittrich, Stuttgart, Geburtstagselefanten. **S. 12:** Farbradierung Simon Dittrich, Stuttgart, Der lesende Fuchs. **S. 20:** Friedensreich Hundertwasser, (763) Rainbowhouse (Regenbogenhaus). © 2002, Gruener Janura AG, Glarus, Schweiz. **S. 28:** Farbradierung Simon Dittrich, Stuttgart, Zauberer der Küche. **S. 36:** Giovanni Vetere, Fresco auf Spanplatte, 1988, ohne Titel, Privatbesitz. **S. 40, 41, 78-81:** Siegfried Müller, Grenzach-Whylen. **S. 44:** Max Ernst, Configuration © VG Bild-Kunst, Bonn 2002. **S. 52:** Franz Marc, Rehe im Schnee, 1911. **S. 54:** Okapia/G.R. Parker, Frankfurt. **S. 55:** Okapia/Thomas D. Mangelsen/P. Arnold, Inc. **S. 60:** Edwin Landseer, Zwei Hunde. **S. 64/65:** © Otmar Baumli. **S. 68:** Mordillo, Made in Paris XV, 1979 © Year OLI Verlag N.V. **S. 76:** © Otmar Alt, Auf dem Bolzplatz, Acryl/Holz, 1994. **S. 82:** Eugene Brands, Magische Aktivität, Galerie d'Eend, Amsterdam. **S. 90:** © Otmar Alt, Krebs, Acryl auf Leinwand, 1997. **S. 104:** Robert Delaunay, Formes Circulaires, Soleil Nr. 1, 1912/13, 100 x 81 cm, Wilhelm-Hack-Museum Ludwigshafen; Foto: Markus Lemberger, Joachim Werkmeister, Graphische Gruppe, Ludwigshafen. **S. 109**: Hans Baldung Grien, Geburt Christi.
S. 119: Simon Dittrich, Stuttgart, Der Zirkus kommt.

Quellenverzeichnis
S. 21: Gina Ruck-Pauquèt, Hausspruch, in: Wunder Welt, Pädagogischer Verlag Schwann: Düsseldorf 1968.
S. 37: Georg Bydlinski, Wann Freunde wichtig sind, in: Der Mond heißt heute Michel, Kindergedichte,Verlag Herder: Wien/Freiburg 1981. **S. 43:** Wolfgang Hering/Bernd Meyerholz, Bist du heute einmal froh. Fidula-Verlag: Boppard/Rhein und Salzburg. **S. 45 oben:** Helge May, Sternenfischer, in: Christel Boßbach, Die schönsten neuen Kinderreime, Weltbild Buchverlag: Augsburg 1998. **S. 45 unten:** Josef Guggenmos, Die Erde, in: Oh, Verzeihung, sagte die Ameise, Beltz & Gelberg: Weinheim und Basel 1990. **S. 61:** Ilona Bodden, Der Hund, in: Sommergarten 15/1976, K. Thienemanns Verlag: Stuttgart. **S. 67:** Eva Rechlin, Über das Heulen von Eulen (Manuskript), in: Träumereien und Schnurrpfeifereien, Patmos Verlag: Düsseldorf 1988. **S. 94:** Text: Bärbel Ebert/Sonja Student, aus Mücki und Max 10/1991. © Universum Verlag GmbH: Wiesbaden. **S. 106:** Wilhelm Bender, Falle, falle, falle, gelbes Blatt, rotes Blatt. © by EDITION VERLAG FÜR DEUTSCHE MUSIK ROBERT RÜHLE: München. **S. 109:** Gabi Hoppmann, Ich möcht euch was sagen, in: Rolf Krenzer, Neue Spiele und Lieder für den Kindergarten, Wittwer Verlag: Stuttgart. **S. 110:** Gertrud Lorenz, Wenn der Adventskranz auf dem Tisch steht (bearbeitet), in: Rolf Krenzer, Neue Spiele und Lieder für den Kindergarten: Von St. Martin bis zum Dreikönigstag, Edition Kemper im Verlag Kaufmann: Lahr. **S. 111:** Christian Morgenstern, Die drei Spatzen, aus: Gesammelte Werke, Piper Verlag: München 1965. **S. 113:** Hilga Leitner, Frühling, in: Teddy 3/73, Esslinger Verlag J.F. Schreiber: Esslingen. **S. 114:** Andreas Röckener, Der Eierdieb. **S. 117:** Andreas Röckener, Clowns am Meer.
Die anderen Texte sind Originalbeiträge für diese Fibel.

Druck A ^{4} / Jahr 2006
Alle Drucke der Serie A sind im Unterricht parallel verwendbar.

Redaktion: Axel Wolber
Herstellung: Kathrin Reichel
Layout und Umschlaggestaltung: Raphaela Mäntele, Büro für Gestaltung, Heidelberg
unter Verwendung einer Illustration von Julia Ginsbach
Satz und Repro: Reprographia Medienhaus-Lahr, Lahr
Druck und Bindung: pva, Landau

ISBN 978-3-425-**11080**-6
alt: 3-425-**11080**-2

A a
E e
Ä ä
Ö ö
Ü ü
L l
S s
N n
Sch sch
K k
H h
D d
ch
ch
V v
Qu qu
Z z